AF450872

CHAMBRE DE COMMERCE INTERNATIONALE

38, Cours Albert 1er — Paris (VIIIe)

Adresse télégraphique :
Incomerc. Paris 86.

Téléphone :
Elysées 62-42—62-55—94-77

Président :
Dott. Alberto PIRELLI

Président-Fondateur :
Etienne CLÉMENTEL

Présidents Honoraires :
Sir Alan G. ANDERSON, K.B.E., Willis H. BOOTH

Vice-Présidents :

Sir Arthur BALFOUR, Bart., J.P.
Julius H. BARNES
Maurice DESPRET

René DUCHEMIN
Boguslaw HERSÉ
Junnosuke INOUYE
Franz VON MENDELSSOHN

Carlos PRAST
K. A. WALLENBERG
W. WESTERMAN

Secrétaire Général :
Edouard DOLLÉANS

Trésorier :
Louis MANHEIM

CONSEIL :

Allemagne. — *Membres* : Abr. FROWEIN, Dr. L. RAVENÉ, Dr. h. c. Louis HAGEN. — *Suppléants* : Dr. e. h. Paul REUSCH, F. H. WITTHOEFFT, Dr. Wilhelm CUNO.

Amérique (Etats-Unis d'). — *Membres* : John H. FAHEY, Silas H. STRAWN, Owen D. YOUNG. — *Suppléants* : William BUTTERWORTH, Robert E. OLDS, Henry M. ROBINSON.

Australie. — *Membres* : The Hon. Sir Frederick W. YOUNG, John SANDERSON.

Autriche. — *Membre* : Dr. Paul HAMMERSCHLAG. — *Suppléants* : S. E. R. RIEDL, Dr. Ludwig URBAN.

Belgique. — *Membres* : Louis CANON-LEGRAND, Alexandre DE GROOTE, William THYS. — *Suppléants* : Alfred DE BROUCKÈRE, Baron Edouard EMPAIN, Joseph MARCOTTY.

Danemark. — *Membres* : Benny DESSAU, Dr. Ernst MEYER. — *Suppléants* : Christian CLOOS, Ch. OVERGAARD.

Espagne. — *Membres* : D. Bartolomé AMENGUAL, D. Julio GUILLIEN SAENZ. — *Suppléants* : D. José Maria GONZALEZ, D. Marco COSTALÈS.

Finlande. — *Membre* : Dr. J. K. PAASIKIVI.

France. — *Membres* : Jules GODET, Robert MASSON, Eugène SCHNEIDER. — *Suppléants* : André BAUDET, Etienne FOUGÈRE, Henri DE PEYERIMHOFF DE FONTENELLE.

Grande-Bretagne. — *Membres* : Sir Algernon F. FIRTH, Bart., D. L., Sir Felix SCHUSTER, Bart., Sir Gilbert C. VYLE ,Kt. — *Suppléants* : Sir J. SANDEMAN ALLEN, Kt., M.P., Sir Stanley MACHIN, J.P., Sir Roland NUGENT.

Grèce. — *Membre* : A. S. METAXAS. — *Suppléant* : G. NICOLAÏDÈS.

Hongrie. — *Membre* : S. E. Alexandre POPOVICS. — *Suppléant* : Arthur BELATINY.

Inde. — *Membres* : D. P. KHAITAN, D. S. ERULKAR, N. M. MUZUMDAR. — *Suppléants* : KASTURBHAI LALBHAI, R. K. SHANMUKHAM CHETTY, M. L. A., R. J. UDANI.

Indochine. — *Membre* : A. GARNIER. — *Suppléant* : Henri SAMBUC.

Italie. — *Membres* : On. Gr. Uff. Biagio BORRIELLO, Gr. Uff. Giorgio MYLIUS, On. Gr. Cr. Prof. Dionigi BIANCARDI. — *Suppléants* : Gr. Cr. Avv. Giuseppe BIANCHINI, Gr. Uff. Ing. Raimondo TARGETTI, On. Gr. Uff. Avv. Gino OLIVETTI.

Japon. — *Membres* : Raita FUJIYAMA, Dr. Takuma DAN, Keijiro HORI. — *Suppléants* : Katsutaro INABATA, Kenjiro MATSUMOTO, Akira ISHII.

Luxembourg. — *Membre* :

Norvège. — *Membres* : J. BLYDT, C. BANG. — *Suppléant* : Einar EITREM.

Pays-Bas. — *Membres* : H. Rud. DU MOSCH, J. B. VAN DER HOUVEN VAN OORDT, Dr. R. MEES. — *Suppléants* : Albert SPANJAARD, C. E. TER MEULEN, Dr. H. J. KNOTTENBELT.

Pologne. — *Membre* : Comte Ladislas JEZIERSKI. — *Suppléant* : J. C. ADAMSKI.

Roumanie. — *Membre* : Dr. Stefan CERKEZ. — *Suppléant* : George G. ASSAN.

Serbes-Croates-Slovènes (Royaume des). — *Membre* : Vassa U. YOVANOVITCH. — *Suppléant* : Dr. Julije MOCAN.

Suède. — *Membres* : J. C. EDSTRÖM, Oscar RYDBECK. — *Suppléants* : Axel EGNELL, SACHS.

Suisse. — *Membres* : John SYZ, Dr. Alfred GEORG, Robert LA ROCHE. — *Suppléants* : ALDER, René HENTSCH, Edouard TISSOT.

Tchécoslovaquie. — *Membres* : Jaroslav PREISS, Kornel STODOLA. — *Suppléa*

CHAMBRE DE COMMERCE
INTERNATIONALE

LES TRANSPORTS PAR ROUTE
DANS LE MONDE

RECUEIL DE STATISTIQUES

Brochure N° 70

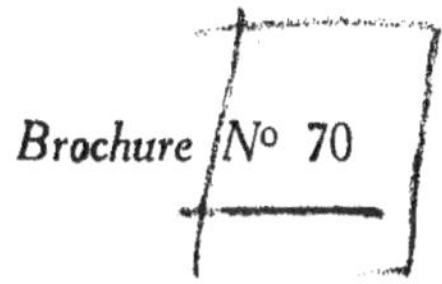

SECRÉTARIAT GÉNÉRAL
38, Cours Albert-1er
PARIS (VIIIe)

JUIN 1929.

TABLE DES MATIÈRES

INTRODUCTION

A sa réunion du 7 juin 1928, le Comité des Transports par Routes de la Chambre de Commerce Internationale a décidé d'ouvrir une enquête sur la situation actuelle des routes dans les différents pays. La résolution suivante a été adoptée et a depuis reçu l'approbation du Conseil de la Chambre de Commerce Internationale :

" La Chambre de Commerce Internationale :

" Considérant que toutes les recommandations concernant le trafic automobile et la meilleure organisation de ce moyen de transport, dans l'intérêt général de la vie économique, doivent nécessairement être basées sur des indications exactes, relatives à la situation actuelle dans les différents pays,

Considérant la nécessité de réunir une documentation précise et complète concernant :

a) l'imposition du trafic routier et toutes les charges frappant l'automobile, directement et indirectement ;

b) les crédits affectés au système routier avant et après l'apparition de l'automobile ;

c) les différentes méthodes d'administration routière ;

d) les projets de construction de routes nouvelles ;

" Emet le vœu que toutes les études entreprises à ce sujet par les différentes organisations spécialisées soient effectivement coordonnées et concentrées dans un rapport d'ensemble. "

Le but que l'on se proposait était l'établissement d'un tableau concis et précis donnant pour chaque pays les renseignements suivants :

Le nombre d'automobiles, de camions et de motocycles en usage ; la longueur des routes existantes, la longueur des routes projetées ; les impôts frappant l'automobile ; les crédits affectés au système routier ; les différentes méthodes d'administration routière.

Pour recueillir ces renseignements, un questionnaire a été préparé. Avec le concours de M. André CITROËN et M. Jean GUILLELMON (France), de Mr. H. H. KELLY (Etats-Unis d'Amérique) et Mr. R. S. SPICER (Grande-Bretagne), il a été possible d'établir sur la base de ce questionnaire, les tableaux comparatifs publiés ci-après.

On a cherché à recueillir ces statistiques pour le plus grand nombre de pays possible. Le Secrétariat Général ne s'est pas borné à consulter les Comités Nationaux de la Chambre de Commerce Internationale, mais il s'est adressé également à tous les membres actifs dans les pays où le Comité National ne s'est pas encore formé ; dans certains cas, on a fait usage des statistiques officielles. Nos remerciements sont dus à la National Automobile Chamber of Commerce of the U.S.A., à Mr. PYKE JOHNSON qui a obtenu des renseignements précieux du Ministère du Commerce des Etats-Unis, et à l'Associa-

tion Internationale des Automobiles-Clubs Reconnus, laquelle, grâce à l'action du Colonel PERON, a bien voulu transmettre le questionnaire de la Chambre de Commerce Internationale aux différents Automobiles-Clubs Nationaux.

Néanmoins les tableaux sont encore incomplets ; mais on espère que les lacunes éventuelles inciteront les pays qui n'ont pas encore répondu à envoyer tous les renseignements dont ils disposent, en vue d'une nouvelle édition.

Il serait peut être possible également de remplacer ultérieurement les statistiques officielles des différents Gouvernements étrangers par des renseignements directs, fournis par les organisations commerciales des pays intéressés.

Mr. Charles GRAHAME, du Groupe Transports et Communications de la Chambre de Commerce Internationale, a rendu un précieux service à la Chambre de Commerce Internationale, en préparant ces tableaux statistiques dont la publication sera continuée régulièrement de manière à faciliter une comparaison des progrès, d'année en année, des transports automobiles dans les différents pays du monde.

Le rapport général sur la situation et les progrès des transports par routes qui figure dans cette brochure a été préparé par Mr. Roy D. CHAPIN, Président du Comité des Transports par Routes de la Chambre de Commerce Internationale. Ce rapport, qui résume les renseignements contenus dans les tableaux statistiques a été approuvé à l'unanimité par le Comité à sa réunion du 13 mars 1929. Tous les renseignements ayant trait aux autres travaux du Comité des Transports par Routes sont compris dans le rapport général du Comité de Coordination des transports et communications publié à part et qui figure également dans le n° 3 de " l'Economie Internationale ", revue de la Chambre de Commerce Internationale.

Au cours de ses travaux, le Comité des Transports par Routes de la Chambre de Commerce Internationale a cherché à éviter à faire double emploi avec les organisations internationales avec lesquelles la Chambre de Commerce Internationale est en relations suivies : l'Union Internationale des Chemins de Fer, l'Union Internationale des Tramways, Chemins de Fer d'intérêt local et des Transports Publics Automobiles, l'Association Internationale des Congrès de la Route, l'Association Internationale des Automobiles-Clubs Reconnus, le Conseil Central du Tourisme International. Toutes ces organisations sont, soit représentées directement au Comité des Transports par Routes de la Chambre de Commerce Internationale, soit invitées à envoyer des représentants à chacune de ses réunions

TRANSPORTS PAR ROUTE DANS LE MONDE

RAPPORT

sur le développement des travaux, par Mr. Roy D. CHAPIN,
Président du Comité des Transports par Route.

Six années se sont écoulées depuis qu'a été soulevée pour la première fois au Congrès de la Chambre de Commerce Internationale, à Rome, la question des transports par route ; depuis, le monde a vu croître d'une manière sans précédent l'usage des automobiles comme moyen de transport.

Des régions éloignées, inaccessibles depuis des siècles, ont reçu une vie sociale, et industrielle nouvelle. Des déserts sont devenus des grand'-routes du commerce et du tourisme. Les anciens moyens de transport ont trouvé une alliée nouvelle et le commerce, un serviteur nouveau dans la tâche quotidienne de fournir des facilités de transport pour le mouvement des personnes et la distribution des marchandises.

Un progrès significatif a été fait dans le grand œuvre d'élargir l'horizon des hommes par le contact avec des sites et des gens nouveaux.

L'automobile encore à ses débuts.

Toutefois ce qui a été fait n'est qu'un commencement ; nous savons maintenant qu'au fur et à mesure que se construisent des routes, le chômage cesse et l'industrie prend son essor. Et de là viennent la richesse et un niveau de vie plus élevé.

Même ce n'est pas trop de dire qu'aucune communauté, qu'aucune nation n'est assez riche pour se passer de ce moyen moderne de transport.

Il est impossible d'apprécier l'influence prépondérante des automobiles par la seule étude des statistiques, mais sans un fond de réalités, il est difficile de faire ressortir le tableau dans sa véritable perspective.

Le nombre des automobiles dans le monde.

C'est parce qu'il s'en est rendu compte que le Comité des Transports par route de la Chambre de Commerce Internationale a entrepris, voici un an, de combler cette lacune par une enquête sur les conditions du transport automobile. Bien que les résultats soient nécessairement loin d'être complets et soient peut être inexacts pour certains détails, ils nous permettent de présenter un rapport sur le développement des travaux.

J'insiste sur ces mots " développement des travaux " car, dans ma pensée, ce rapport doit être périodique et le rapport final ne pourra être écrit que dans bien des années.

Donc nous voyons que le 1er janvier 1928 il y avait dans le monde 31.000.000 d'automobiles et, bien que les Etats-Unis possédassent encore 76 % de ce total, chaque année voit croître le nombre des automobiles dans le reste du monde.

Mais une importance plus grande s'attache peut-être aux statistiques routières, car, à défaut de facilités pour leur emploi, on ne peut tirer un rendement réel des véhicules routiers modernes. Il y a dans le monde 10.622.937 kilomètres de routes et les chiffres fournis par 58 pays montrent que le programme de construction et d'entretien des routes en 1927 s'élevait à $ 1.000.000.000, sans compter les Etats-Unis. Si nous ajoutons l'argent dépensé par les Etats-Unis, le total s'élève à $ 2.400.000.000 et encore ces chiffres sont loin d'être complets.

Les bénéfices dépassent de beaucoup les dépenses.

Le monde n'est arrivé à ce programme qu'après que l'expérience eut largement démontré que les bénéfices dûs à la construction des routes dépassaient de beaucoup les dépenses que ces constructions entraînaient. Il y a vingt ans, l'idée de dépenser des sommes si considérables eût soulevé de véhémentes critiques. Le problème, aujourd'hui, n'est pas de réduire, mais d'étendre toujours le programme de construction, de manière à pourvoir aussi vite que possible ce mode moderne de transport.

Dans un rapport de ce genre, la place fait défaut pour une discussion de détail, mais je vous recommande l'enquête faite par la Chambre de Commerce Internationale. Les hommes d'affaires et d'ailleurs tout le monde pourra utilement l'étudier.

Le financement des routes est une question vitale.

Avec l'extension des transports automobiles, nous revenons toujours au problème du financement des routes et c'est là une question qui est toujours présente. Les sommes nécessaires font que ce problème est de toute première importance pour les Gouvernements de tous les pays. Il faut aussi administrer ces fonds de manière à assurer au public les bénéfices les plus grands possibles pour l'argent dépensé.

Jusqu'ici on n'a trouvé aucune formule rigide d'imposition pour financer la construction et l'entretien des routes. Il est évident que les régions où les distances sont longues, la population clairsemée et les ressources insignifiantes, ne peuvent adopter les mêmes méthodes que les pays où la richesse est plus concentrée et la circulation plus développée. Il n'est pas moins évident que l'on doit éviter avec soin de trop imposer les propriétaires d'automobiles, car l'impôt trop lourd a pour résultat certain de tuer la matière imposable, d'assécher les revenus à la source, avec pour conséquence la cessation du trafic ou un prix de transport excessif

De partout on demande des renseignements sur ce problème fondamental et on ne saurait y consacrer trop de temps ni d'attention.

Nécessité d'une bonne politique d'administration.

L'administration est étroitement liée au financement des routes, car les routes n'ont pas de fin en soi : elles n'ont de valeur que comme moyen de fournir au public des facilités de transport et il est essentiel qu'elles soient soumises à un contrôle économique et technique.

Ce qui importe le plus est de fournir des facilités de communication. Vous ne trouverez pas un industriel prudent pour faire construire d'emblée ses usines avec une extension telle qu'elles puissent faire face à toutes les affaires qu'il peut espérer faire dans l'avenir. Ainsi dans la construction des routes, la première nécessité est un programme qui permette au public de se servir de ce moyen de transport; l'amélioration viendra au fur et à mesure que le développement du trafic en fera sentir la nécessité. D'immenses économies seront réalisées si le travail est centralisé et dûment préparé avant d'entreprendre la construction.

Relations avec les autres moyens de transport.

De même que dans d'autres domaines, le progrès exige des aménagements nouveaux, cette nouvelle venue : l'automobile, fait naître le besoin d'une réadaptation de nos facilités de transport de toute nature. Un monde qui dispose à son gré d'avions, d'automobiles, de chemins de fer, de bateaux à vapeur, de la télégraphie sans fil, du téléphone et de tous les autres progrès modernes, est un monde bien différent de celui qui était réduit autrefois aux charrettes et aux bateaux à voiles.

Chaque fois qu'une invention nouvelle vient s'ajouter à la liste, il faut revoir tout le problème afin de voir quel usage on peut faire, tant de l'invention nouvelle que des moyens déjà existants.

Jusqu'ici l'expérience a démontré que le " transport engendre le transport ". La tâche n'est donc pas d'éliminer un service quelconque mais plutôt de profiter du progrès obtenu pour augmenter le rendement de tout le système des transports.

On s'est rendu compte que la question des relations entre les chemins de fer et les transports automobiles était un sujet digne d'étude, et un Comité mixte a été nommé par le Conseil de la Chambre Internationale pour faire une enquête approfondie. Un excellent rapport vient d'être présenté que je recommande à l'attention du Comité des Transports par Route ; d'autres rapports suivront plus tard (1).

---

(1) Le rapport sur la collaboration entre les Chemins de Fer et les transports automobiles, par M. Jean Guillelmon, est entre les mains des différents Comités Nationaux qui l'étudient et sera examiné par le Comité des Transports par Route et la Commission des Transports par Voie Ferrée, en vue d'arriver à des conclusions pratiques.

Contrôle uniforme nécessaire à la sécurité.

Avec le développement de la circulation, la sécurité devient un problème urgent. L'adoption de régles uniformes de sécurité est plus qu'une question d'intérêt local. Le tourisme n'est plus confiné à l'intérieur des frontières politiques. Le voyageur moderne n'hésite pas à aller vers des pays dont il ne connaît même pas la langue. De la possibilité pour lui de comprendre et d'obéir aux règlements de circulation peuvent dépendre sa sécurité et celle des autres.

Nous devons faire tout notre possible pour obtenir l'unification des codes de la route et des règlements de circulation. Il faut effacer toutes les différences de détail dans l'intérêt même de l'humanité ; il faut arriver à des accords complets.

Les efforts des différentes organisations qui travaillent dans ce dessein, méritent tout l'appui de notre Comité et nous sommes fiers de penser que le Comité des Transports par Route a fait tout ce qu'il pouvait pour seconder et stimuler leurs efforts.

La réciprocité internationale désirable.

Le besoin se fait également sentir d'accords internationaux uniformes conclus sur la base de la réciprocité entre les divers pays, afin d'assurer une circulation aussi libre que possible aux voitures de voyageurs et de commerce. Tous les règlements qui entravent cette liberté de mouvement doivent être supprimés, sauf s'ils sont conformes à l'intérêt du public, parce que nous avons affaire au commerce et que toutes les entraves à la liberté absolue de circulation font inévitablement monter les prix de revient.

Ici encore le Comité des Transports par Route s'est tenu au courant du travail des organisations telles que le Comité de la Circulation routière de la Société des Nations et a cherché à lui rendre tous les services possibles.

Les hommes d'affaires peuvent donner leur aide.

Bien d'autres questions d'une haute importance sont indiquées par le développement des transports par route, mais quand on les résume on en revient toujours à la nécessité de fournir au monde un système de transport à grand rendement, dont l'individu puisse se servir au mieux de ses intérêts.

Comme hommes d'affaires, les membres de la Chambre de Commerce Internationale ont un intérêt direct à ce problème. Par les échanges de vues qui ont lieu ici même et dans leur pays et communautés respectifs, ils peuvent faire beaucoup pour faciliter la solution de ces questions urgentes d'intérêt public, tant nationales qu'internationales.

Au nom de tous ses membres, le Comité des Transports par Route désire remercier les membres de la Chambre de Commerce Internationale pour l'intérêt qu'ils ont bien voulu prendre à ses travaux et dire qu'il espère que cet intérêt ne fera que croître dans l'avenir.

TRANPORTS PAR ROUTE

SOMMAIRE DES STATISTIQUES (¹)

Estimation du nombre de véhicules en usage à la date du 1er janvier 1928.......	31.000.000	Total (arrondi) des montants des chiffres de 62 pays pour lesquels des données ont été recueillies. Voir tableau I de la page 12 à la page 21. Ce total est composé comme suit : Automobiles particulières ... 25.000.000 Automobiles pour le transport des passagers en commun (autobus)............... 300.000 Camions.................... 4.000.000 Motocyclettes 1.700.000
Estimation de la longueur kilométrique des routes à la date du 1er janvier 1928.	9.500.000	Total (arrondi) des montants des chiffres de 61 pays pour lesquels des données ont été recueillies. Voir tableau II, de la page 22 à la page 31.
Estimation des recettes provenant des taxes sur les automobiles pour l'année 1927	$ 1.135.000.000	Total (arrondi) des montants des chiffres de 27 pays pour lesquels des données ont été recueillies. Voir tableau III, de la page 32 à la page 41.
Estimation des dépenses affectées à l'entretien et à la construction du système routier pour l'année 1927	$ 2.400.000.000	Total (arrondi) des montants des chiffres de 58 pays pour lesquels des données ont été recueillies. Voir tableau IV, de la page 42 à la page 51.

(¹) Des statistiques détaillées et d'autres informations au sujet des différents pays se trouvent dans les tableaux I, II, III et IV.

TRANSPORTS PAR ROUTE. — I

**Nombre de véhicules en usage à la date
du 1er janvier 1928**

NOM DU PAYS	Afrique du Sud	Algérie	Allemagne	Amérique (E.U. d')	Argentine	Australie [4]
Automobiles particulières	93.000 [1]	25.750 [1]	261.142 [3]	20.279.661 [1]	224.803 [1]	346.885 [1]
Automobiles pour le transport des passagers en commun (autobus)	700 [1]	800 [1]	6.632 [3]	85.636 [1]	1.300 [1]	1.051 [1]
Camions	7.500 [1]	4.000 [1]	100.969 [3]	2.896.886 [1]	39.927 [1]	75.585 [1]
Motocyclettes	32.000 [1]	1.000 [1]	339.226 [3]	124.359 [1]	2.017 [1]	84.683 [1]
Total....................	133.200 [1]	31.500 [1]	707.969 [3]	23.386.542 [1]	268.047 [1]	508.204 [1]
Véhicules à traction animale.................	[2]	[2]	11.917.000 [3]	[2]	[2]	[2]

[1] Statistiques du Département du Commerce des Etats-Unis.
[2] Les statistiques manquent.
[3] 1er juillet 1927.
[4] Y compris la Tasmanie.

TRANSPORTS PAR ROUTE. — I

**Nombre de véhicules en usage à la date
du 1er janvier 1928**

NOM DU PAYS	Autriche	Belgique	Bolivie	Brésil	Bulgarie	Canada
Automobiles particulières	14.145 [1]	57.433	1.148 [4]	95.000 [4]	1.406 [4]	840.336 [4]
Automobiles pour le transport des passagers en commun (autobus)	600	6.340 [3]	44 [4]	1.000 [4]		1.196 [4]
Camions	9.672	33.085	793 [4]	40.000 [4]	437 [4]	107.972 [4]
Motocyclettes	28.006	32.686	264 [4]	800 [4]	262 [4]	7.604 [4]
Total	52.423	129.544	2.249 [4]	136.800 [4]	2.105 [4]	957.108 [4]
Véhicules à traction animale	[2]	[2]	[2]	[2]	[2]	[2]

[1] Y compris 3.435 taxis.
[2] Les statistiques manquent.
[3] Y compris les taxis.
[4] Statistiques du Département du Commerce des Etats-Unis.

TRANSPORTS PAR ROUTE. — I

**Nombre de véhicules en usage à la date
du 1ᵉʳ janvier 1928**

NOM DU PAYS	Chili	Chine	Colombie	Costa-Rica	Cuba	Danemark
Automobiles particulières	18.385	15.934 [1]	6.420 [1]	950 [1]	31.190 [1]	66.000 [1]
Automobiles pour le transport des passagers en commun (autobus)	3.610	2.360 [1]	220 [1]	110 [1]	1.792 [1]	900 [1]
Camions	3.220	2.170 [1]	3.596 [1]	300 [1]	11.955 [1]	17.000 [1]
Motocyclettes	217	1.042 [1]	47 [1]	120 [1]	317 [1]	22.000 [2]
Total...........................	25.432	21.506 [1]	10.283 [1]	1.480 [1]	45.254 [1]	105.900 [1]
Véhicules à traction animale	88.865	[2]	[2]	[2]	[2]	[2]

[1] Statistiques du Département du Commerce des Etats-Unis.
[2] Les statistiques manquent.

TRANSPORTS PAR ROUTE. — I

**Nombre de véhicules en usage à la date
du 1er janvier 1928**

NOM DU PAYS	Egypte	Equateur	Espagne	Esthonie	Finlande	France
Automobiles particulières	18.342 (1)	1.070 (1)	134.050 (1) (4)	1.182 (2)	20.677	644.194
Automobiles pour le transport des passagers en commun (autobus)	1.170 (1)	62 (1)		80 (2)	1.398	26.000
Camions	2.378 (1)	410 (1)	42.025 (1)	481 (2)	7.437	306.452
Motocyclettes	3.245 (1)	34 (1)	18.125 (1)	329 (2)	5.151	232.201
Total	25.135 (1)	1.576 (1)	194.200 (1)	2.072 (2)	34.663	1.208.847
Véhicules à traction animale	(3)	(3)	(3)	397.366 (5)	(3)	1.653.000

(1) Statistiques du Département du Commerce des Etats-Unis.
(2) 1er juin 1928.
(3) Les statistiques manquent.
(4) Y compris les autobus.
(5) 1925.

TRANSPORTS PAR ROUTE. — I

**Nombre de véhicules en usage à la date
du 1er janvier 1928**

NOM DU PAYS	Grande Bretagne	Grèce	Guatemala	Hawaï	Honduras	Hongrie
Automobiles particulières	739.310	9.300 [4]	1.781 [4]	30.292 [4]	303 [4]	9.529
Automobiles pour le transport des passagers en commun (autobus)	78.283 [1]	1.785 [4]	20 [4]	168 [4]	47 [4]	93
Camions	281.272	2.800 [4]	672 [4]	6.746 [4]	119 [4]	2.886
Motocyclettes	518.867	475 [4]	130 [4]	446 [4]	26 [4]	4.905
Total......................................	1.617.732 [2]	14.360 [4]	2.603 [4]	37.652 [4]	495 [4]	17.413
Véhicules à traction animale	[3]	[5]	[5]	[5]	[5]	[5]

[1] Y compris les taxis.

[2] Le nombre total d'automobiles pour lesquelles des permis avaient été délivrés au 30 novembre 1927 était de 1.657.819.

[3] Les statistiques manquent. Le nombre de véhicules hippomobiles imposables, comprenant les fiacres et les voitures hippomobiles privées, s'élevait à 103.857 au 30 novembre 1927.

[4] Statistiques du Département du Commerce des Etats-Unis.

[5] Les statistiques manquent.

TRANSPORTS PAR ROUTE. — I

**Nombre de véhicules en usage à la date
du 1er janvier 1928**

NOM DU PAYS	Indes	Indes [4] Néerland.	Indochine française	Italie	Japon	Lettonie
Automobiles particulières	73.698 [1]	20.294 [1]	11.544 [1]	113.849	34.763 [1]	1.263
Automobiles pour le transport des passagers en commun (autobus)			1.573 [1]	5.465	3.387 [1]	157
Camions	21.986 [1][2]	4.900 [1][2]	629 [1]	34.105	16.504 [1]	640
Motocyclettes	14.294 [1]	7.234 [1]	1.888 [1]	79.730	17.611 [1]	537
Total	109.978 [1]	32.428 [1]	15.634 [1]	233.149	72.265 [1]	2.597
Véhicules à traction animale	[3]	[5]	[5]	800.000	[5]	[5]

(1) Statistiques du Département du Commerce des Etats-Unis
(2) Y compris les autobus.
(3) Les statistiques manquent.
(4) Non compris Bornéo.
(5) Les statistiques manquent.

TRANSPORTS PAR ROUTE. — I

**Nombre de véhicules en usage à la date
du 1er janvier 1928**

NOM DU PAYS	Lithuanie	Luxembourg	Mésopotamie (Iraq).	Mexique	Norvège	Nouvelle-Zélande
Automobiles particulières	939	3.805 [2]	2.477 [2]	42.000	19.927	111.385 [2]
Automobiles pour le transport des passagers en commun (autobus)	111	87 [2]	4 [2]	6.544	1.204	1.153 [2]
Camions	150	1.653 [2]	344 [2]	12.325	11.678	21.677 [2]
Motocyclettes	612	1.461 [2]	250 [2]	4.026	6.457	35.071 [2]
Total	1.812	7.006 [2]	3.075 [2]	64.895	39.266	169.286 [2]
Véhicules à traction animale	[1]	[1]	[1]	88.300	183.342	[1]

[1] Les statistiques manquent.
[2] Statistiques du Département du Commerce des Etats-Unis.

TRANSPORTS PAR ROUTE. — I

**Nombre de véhicules en usage à la date
du 1er janvier 1928**

NOM DU PAYS	Palestine	Panama et zone du canal	Paraguay	Pays-Bas	Perse	Pérou
Automobiles particulières	1.416 (¹)	3.988 (¹)	553 (¹)	43.000	4.800 (¹)	6.200 (¹)
Automobiles pour le transport des passagers en commun (autobus)	433 (¹)	361 (¹)	150 (¹)	4.000	60 (¹)	375 (¹)
Camions	347 (¹)	235 (¹)	315 (¹)	22.000	1.700 (¹)	3.950 (¹)
Motocyclettes	256 (¹)	320 (¹)	1 (¹)	50.000	500 (¹)	200 (¹)
Total...............................	2.452 (¹)	4.904 (¹)	1.019 (¹)	119.000	7.060 (¹)	10.725 (¹)
Véhicules à traction animale	(²)	(²)	(²)	(²)	(²)	(²)

(¹) Statistiques du Département du Commerce des Etats-Unis.
(²) Les statistiques manquent.

TRANSPORTS PAR ROUTE. — I

**Nombre de véhicules en usage à la date
du 1er janvier 1928**

NOM DU PAYS	Pologne	Porto-Rico	Portugal	Roumanie	Salvador	S. H. S. (Royaume)	Suède
Automobiles particulières	16.772 [1]	10.489 [4]	18.609 [4]	15.039 [4]	1.365 [4]	7.169	81.465
Automobiles pour le transport des passagers en commun (autobus)	1.544	375 [4]	200 [4]	1.016 [4]	90 [4]	235	1.827
Camions	3.494	2.815 [4]	3.000 [4]	4.764 [4]	218 [4]	1.747	26.230
Motocyclettes	3.734	151 [4]	2.211 [4]	897 [4]	135 [4]	2.147	33.340
Total...................	25.544 [2]	13.830 [4]	24.020 [4]	21.716 [4]	1.808 [4]	11.298	144.862
Véhicules à traction animale	[3]	[3]	[3]	[3]	[3]	[3]	[3]

[1] Y compris 3.973 taxis.
[2] Non compris les automobiles militaires et 112 véhicules mécaniques, autres que les automobiles.
[3] Les statistiques manquent.
[4] Statistiques du Département du Commerce des Etats-Unis.

TRANSPORTS PAR ROUTE. — I

**Nombre de véhicules en usage à la date
du 1er janvier 1928**

NOM DU PAYS	Suisse	Tchéco-slovaquie	Tunisie	Turquie	U. R. S. S.	Uruguay	Venezuela
Automobiles particulières	42.369	25.111	4.800 [3]	5.500 [3]	8.163 [3]	28.100 [3]	9.500 [3]
Automobiles pour le transport des passagers en commun (autobus)	558	1.377	100 [3]	750 [3]	1.084 [3]	525 [3]	150 [3]
Camions	11.520	10.000	450 [3]	750 [3]	9.421 [3]	5.950 [3]	3.000 [3]
Motocyclettes	31.529	20.006	700 [3]	400 [3]	7.160 [3]	150 [3]	750 [3]
Total........................	85.976	56.494 [2]	6.050 [3]	7.400 [3] [4]	25.883 [3]	34.725 [3]	13.400 [3]
Véhicules à traction animale	[1]	[1]	[1]	[4]	[1]	[1]	[1]

[1] Les statistiques manquent.

[2] A ce total, il faut ajouter 2.294 tracteurs et 519 ambulances ou pompes à incendie automobiles.

[3] Statistiques du Département du Commerce des Etats-Unis.

[4] Les statistiques récemment fournies par la Chambre de Commerce et d'Industrie de Constantinople sont les suivantes : automobiles particulières : 800. — Taxis : 4.500. — Camions : 2.000. — Motocyclettes : 250. — Total : 9.800. — Véhicules à traction animale : 3.297 (pour Constantinople seulement).

TRANSPORTS PAR ROUTE. — II

**Longueur kilométrique des routes
à la date du 1er janvier 1928**

NOM DU PAYS	Afrique du Sud	Algérie	Allemagne	Amérique (E.U. d')	Argentine	Australie
Routes nationales			60.700	469.360 (4)		
Routes départementales			128.000	4.352.368		
Routes vicinales...........................			160.000			
Autres routes						
Total	108.800 (1)	20.800 (1)	348.700	4.821.728	30.504 (1)	576.000 (1)
Longueur totale des routes accessibles aux automobiles			348.700	984.000		
Longueur des nouvelles routes projetées pour la période 1928-1935 (*).....................			(2)			
Longueur totale des routes dans une année normale entre 1890 et 1900 (période précédant l'automobile) (**)	(5)	(5)	200.000 (3)	(5)	(5)	(5)

(*) Voir tableau IV (Dépenses prévues pour la construction de routes nouvelles).
(**) Voir tableau IV (Dépenses pour la construction et l'entretien des routes avant la création de l'automobile).
(1) Statistiques du Département du Commerce des Etats-Unis.
(2) Aucune construction de routes nouvelles n'est envisagée. Les dépenses seront affectées à la construction de détours et à l'amélioration des routes existantes.
(3) 1900.
(4) Entretenu par les administrations routières de chacun des 48 Etats.
(5) Les statistiques manquent.

TRANSPORTS PAR ROUTE. — II

**Longueur kilométrique des routes
à la date du 1er janvier 1928**

NOM DU PAYS	Autriche	Belgique	Bolivie	Brésil	Bulgarie	Canada
Routes nationales	4.000	8.726				
Routes départementales	28.000	1.575				
Routes vicinales		33.951				
Autres routes		36				
Total	32.000	44.288	4.800 [5]	75.096 [5]	13.920 [5]	678.400 [5]
Longueur totale des routes accessibles aux automobiles		44.288				
Longueur des nouvelles routes projetées pour la période 1928-1935 (*)	[1]	100 [3]				
Longueur totale des routes dans une année normale entre 1890 et 1900 (période précédant l'automobile) (**)	[2]	7.664 [4]	[2]	[2]	[2]	[2]

(*) Voir tableau IV (Dépenses prévues pour la construction de routes nouvelles).
(**) Voir tableau IV (Dépenses pour la construction et l'entretien des routes avant la création de l'automobile).
[1] Aucune construction de routes nouvelles n'est prévue. Les dépenses seront affectées à l'amélioration des routes existantes.
[2] Les statistiques manquent.
[3] Routes d'Etat seulement.
[4] 1900.
[5] Statistiques du Département du Commerce des Etats-Unis.

TRANSPORTS PAR ROUTE. — II

**Longueur kilométrique des routes
à la date du 1er janvier 1928**

NOM DU PAYS	Chili	Chine	Colombie	Costa-Rica	Cuba	Danemark
Routes nationales	21.430 (²)					
Routes départementales						
Routes vicinales	17.864 (³)					
Autres routes						
Total	39.294	28.392 (¹)	1.696 (¹)	3.472 (¹)	2.656 (¹)	51.580 (¹)
Longueur totale des routes accessibles aux automobiles	16.865					
Longueur des nouvelles routes projetées pour la période 1928-1935 (*)	7.020					
Longueur totale des routes dans une année normale entre 1890 et 1900 (période précédant l'automobile) (**)	(⁴)	(⁴)	(⁴)	(⁴)	(⁴)	(⁴)

(*) Voir tableau IV (Dépenses prévues pour la construction de routes nouvelles).
(**) Voir tableau IV (Dépenses pour la construction et l'entretien des routes avant la création de l'automobile).
(¹) Statistiques du Département du Commerce des Etats-Unis.
(²) Routes de première et de deuxième classe.
(³) Routes de troisième classe .
(⁴) Les statistiques manquent.

TRANSPORTS PAR ROUTE. — II

**Longueur kilométrique des routes
à la date du 1er janvier 1928**

NOM DU PAYS	Egypte	Equateur	Espagne	Esthonie	Finlande	France
Routes nationales			60.884 (2)	3.536	26.443	40.000
Routes départementales			9.858 (2)	8.781	19.159	203.000
Routes vicinales			16.347 (2)	9.907		385.000
Autres routes						
Total	5.344 (1)	867 (1)	87.089 (2)	22.224	45.602	628.000
Longueur totale des routes accessibles aux automobiles				13.300 (5)	45.602	625.000
Longueur des nouvelles routes projetées pour la période 1928-1935 (*)			14.000 (3)			(7)
Longueur totale des routes dans une année normale entre 1890 et 1900 (période précédant l'automobile) (**)	(7)	(7)	51.584 (4)	(6)	(7)	525.225 (8)

(*) Voir tableau IV (Dépenses prévues pour la construction de routes nouvelles).
(**) Voir tableau IV (Dépenses pour la construction et l'entretien des routes avant la création de l'automobile).
(1) Statistiques du Département du Commerce des Etats-Unis.
(2) 1er janvier 1926. Les statistiques complémentaires manquent.
(3) 1927 à 1932.
(4) 1903.
(5) Ouvert toute l'année. La praticabilité des autres routes en hiver et au printemps dépend des conditions climatériques.
(6) A peu près la même qu'aujourd'hui. Peu de routes nouvelles ont été construites depuis l'introduction de l'automobile.
(7) Les statistiques manquent.
(8) 1896.

TRANSPORTS PAR ROUTE. — II

**Longueur kilométrique des routes
à la date du 1er janvier 1928**

NOM DU PAYS	Grande-Bretagne	Grèce	Guatemala	Hawaï	Honduras	Hongrie
Routes nationales						3.675 (3)
Routes départementales						14.918 (3)
Routes vicinales	287.588					8.803 (3)
Autres routes						
Total	287.588	10.240 (1)	2.176 (1)	2.560 (1)	608 (1)	27.396 (3)
Longueur totale des routes accessibles aux automobiles	287.588					16.683
Longueur des nouvelles routes projetées pour la période 1928-1935 (*)						12.000
Longueur totale des routes dans une année normale entre 1890 et 1900 (période précédant l'automobile) (**)	(2)	(2)	(2)	(2)	(2)	39.470 (4)

(*) Voir tableau IV (Dépenses prévues pour la construction de routes nouvelles).
(**) Voir tableau IV (Dépenses pour la construction et l'entretien des routes avant la création de l'automobile).
(1) Statistiques du Département du Commerce des Etats-Unis.
(2) Les statistiques manquent.
(3) 1er janvier 1926, dernières statistiques. D'après les statistiques du Département du Commerce des Etats-Unis, la longueur totale des routes est de 49.000 kilomètres.
(4) 1890, c'est-à-dire en Hongrie d'avant-guerre.

TRANSPORTS PAR ROUTE. — II

**Longueur kilométrique des routes
à la date du 1er janvier 1928**

NOM DU PAYS	Indes	Indes Néerland.	Indochine française	Italie	Japon	Lettonie
Routes nationales				20.700		1.342 [4]
Routes départementales				41.265		24.938 [4]
Routes vicinales				133.672		
Autres routes				139 [2]		
Total	337.600 [1]	43.765 [1]	31.184 [1]	195.776	117.188 [1]	26.280 [4]
Longueur totale des routes accessibles aux automobiles				183.276		7.300 [4]
Longueur des nouvelles routes projetées pour la période 1928-1935 (*)				4.000		
Longueur totale des routes dans une année normale entre 1890 et 1900 (période précédant l'automobile) (**)	[5]	[5]	[5]	138.096 [3]	[5]	[5]

(*) Voir tableau IV (Dépenses prévues pour la construction de routes nouvelles).
(**) Voir tableau IV (Dépenses pour la construction et l'entretien des routes avant la création de l'automobile).
[1] Statistiques du Département du Commerce des Etats-Unis.
[2] " Autostrade ".
[3] 1900.
[4] 1er avril 1928.
[5] Les statistiques manquent.

TRANSPORTS PAR ROUTE. — II

**Longueur kilométrique des routes
à la date du 1er janvier 1928**

NOM DU PAYS	Lithuanie	Luxembourg	Mésopotamie (Iraq.)	Mexique	Norvège	Nouvelle-Zélande
Routes nationales	1.418				9.790 [3]	
Routes départementales	12.720				4.731 [3]	
Routes vicinales........................	30.186				21.891 [3]	
Autres routes						
Total	44.324	4.080 [2]	2.496 [2]		36.412 [3]	70.880 [2]
Longueur totale des routes accessibles aux automobiles	20.000			100.600 [5]		
Longueur des nouvelles routes projetées pour la période 1928-1935 (*)...................	200					
Longueur totale des routes dans une année normale entre 1890 et 1900 (période précédant l'automobile) (**).......................	[1]	[1]	[1]	[1]	27.000 [4]	[1]

(*) Voir tableau IV (Dépenses prévues pour la construction de routes nouvelles).
(**) Voir tableau IV (Dépenses pour la construction et l'entretien des routes avant la création de l'automobile).
[1] Les statistiques manquent.
[2] Statistiques du Département du Commerce des Etats-Unis.
[3] 1er juillet 1927, dernières statistiques.
[4] 1895.
[5] Dans les statistiques du Département du Commerce des Etats-Unis, la longueur totale des routes du Mexique est de 2.445 kilomètres.

TRANSPORTS PAR ROUTE. — II

**Longueur kilométrique des routes
à la date du 1er janvier 1928**

NOM DU PAYS	Palestine	Panama et zone du canal	Paraguay	Pays-Bas	Perse	Pérou
Routes nationales				2.320		
Routes départementales				3.900		
Routes vicinales				19.250		
Autres routes						
Total	1.968 [1]	553 [1]	1.888 [1]	25.470	16.544 [1]	20.566 [1]
Longueur totale des routes accessibles aux automobiles				25.470		
Longueur des nouvelles routes projetées pour la période 1928-1935 (*)				760		
Longueur totale des routes dans une année normale entre 1890 et 1900 (période précédant l'automobile) (**)	[2]	[2]	[2]	[2]	[2]	[2]

(*) Voir tableau IV (Dépenses prévues pour la construction de routes nouvelles).
(**) Voir tableau IV (Dépenses pour la construction et l'entretien des routes avant la création de l'automobile).
[1] Statistiques du Département du Commerce des Etats-Unis.
[2] Les statistiques manquent

TRANSPORTS PAR ROUTE. — II

**Longueur kilométrique des routes
à la date du 1er janvier 1929**

NOM DU PAYS	Pologne	Porto-Rico	Portugal	Roumanie	Salvador	Suède
Routes nationales	17.441 [1]					19.204 [5]
Routes départementales	13.555 [1]					52.069 [5]
Routes vicinales	55.140 [1]					
Autres routes	8.335 [1][2]					
Total	94.471 [1]	3.608 [4]	17.104 [4]	87.488 [4]	1.561 [4]	71.273 [5]
Longueur totale des routes accessibles aux automobiles	44.690 [1]					71.273 [5]
Longueur des nouvelles routes projetées pour la période 1928-1935 (*)	1.023 [3]					
Longueur totale des routes dans une année normale entre 1890 et 1900 (période précédant l'automobile) (**)	40.000	[6]	[6]	[6]	[6]	[6]

(*) Voir tableau IV (Dépenses prévues pour la construction de routes nouvelles).
(**) Voir tableau IV (Dépenses pour la construction et l'entretien des routes avant la création de l'automobile).
[1] 1er janvier 1927.
[2] Routes de la Haute-Silésie.
[3] 1928-1930, non compris les routes départementales et vicinales pour la période 1929-1930. Les statistiques ne sont pas encore publiées.
[4] Statistiques du Département du Commerce des Etats-Unis.
[5] 31 Décembre 1926. Dernières statistiques.
[6] Les statistiques manquent.

TRANSPORTS PAR ROUTE. — II

Longueur kilométrique des routes à la date du 1er janvier 1928

NOM DU PAYS	S. H. S. (Royaume)	Suisse	Tchéco-slovaquie	Tunisie	Turquie	Uruguay	Venezuela
Routes nationales	12.054		8.475 [4]				
Routes départementales	12.360	13.935 [2]	50.098 [4]				
Routes vicinales	7.065						
Autres routes	4.641						
Total	36.120	13.935 [2]	58.573 [4]	11.180 [6]	29.648 [6] [7]	8.275 [6]	4.480 [6]
Longueur totale des routes accessibles aux automobiles	27.134 [1]	13.935					
Longueur des nouvelles routes projetées pour la période 1928-1935 (*)	600	[3]					
Longueur totale des routes dans une année normale entre 1890 et 1900 (période précédant l'automobile) (**)	[5]	[5]	[5]	[5]	[5]	[5]	[5]

(*) Voir tableau IV (Dépenses prévues pour la construction de routes nouvelles).

(**) Voir tableau IV (Dépenses pour la construction et l'entretien des routes avant la création de l'automobile).

[1] 19.178 kilomètres praticables par tous temps, 2.887 praticables avec difficulté par tous temps et 5.069 kilomètres praticables seulement par temps sec.

[2] 31 décembre 1926, dernières statistiques.

[3] Les dépenses sont destinées à l'amélioration des routes existantes.

[4] 31 décembre 1926, dernières statistiques. D'après les statistiques du Département du Commerce des Etats-Unis, la longueur totale des routes est de 70.000 kilomètres.

[5] Les statistiques manquent.

[6] Statistiques du Département du Commerce des Etats-Unis.

[7] Les statistiques récemment fournies par la Chambre de Commerce et d'Industrie de Constantinople sont les suivantes : Routes nationales : 8.165 kilomètres. — Routes départementales : 22.220 kilomètres. — Total : 30.365 kilomètres. — Longueur des routes accessibles aux automobiles : 30.365 kilomètres.

TRANSPORTS PAR ROUTE. — III

**Recettes approximatives provenant
des taxes sur les automobiles pour l'année 1927.
(Tous les chiffres sont donnés en dollars U. S.)**

NOM DU PAYS	Afrique du Sud	Algérie	Allemagne	Amérique (E.U. d')	Argentine	Australie
Impôts directs						
Taxes payées par les fabricants (taxe sur le chiffre d'affaires, taxe de luxe, etc.)				60.473.707		
Taxes prélevées par les douanes pour les voitures importées			7.880.000		8.250.000 (²)	16.268.478 (²) (⁸)
Taxes payées par les usagers des automobiles (impôts, droits de circulation, etc.)			37.617.000	441.061.132		
Total			45.497.000	501.534.839		
Impôts indirects						
Taxe sur l'essence et l'huile			3.600.000	258.838.813		
Taxe sur les pneumatiques			1.200.000	(¹)		(⁴)
Taxes sur les assurances				(¹)		
Total			4.800.000	258.838.813		
Total des impôts directs et indirects			50.297.000	760.373.652		

(¹) Il n'existe pas d'impôts.
(²) Statistiques du Département du Commerce des Etats-Unis.
(³) Exercice fiscal au 30 juin 1927 ; y compris la Tasmanie. Pour tous véhicules, avions compris.
(⁴) L'importation de pneumatiques en 1927 s'élevait à $ 7.874.160. Statistiques du Département du Commerce des Etats-Unis.

TRANSPORTS PAR ROUTE. — III

**Recettes approximatives provenant
des taxes sur les automobiles pour l'année 1927.
(Tous les chiffres sont donnés en dollars U. S.)**

NOM DU PAYS	Autriche	Belgique	Bolivie	Brésil	Bulgarie	Canada
Impôts directs						
Taxes payées par les fabricants (taxe sur le chiffre d'affaires, taxe de luxe, etc.)...............	(1)	1.902.111				
Taxes prélevées par les douanes pour les voitures importées	(2)	1.606.527				
Taxes payées par les usagers des automobiles (impôts, droits de circulation, etc)...........	(3)	170.000				
Total		3.678.638				
Impôts indirects						
Taxe sur l'essence et l'huile..................	(4)	4.716.500		936.800 (7) (8)		
Taxe sur les pneumatiques....................	(5)	360.000				
Taxes sur les assurances.....................	(6)					
Total		5.076.500				
Total des impôts directs et indirects...........		8.755.138				

(1) Un impôt de 2.7 % existe sur le chiffre d'affaires. Les statistiques ne sont pas encore publiées.
(2) Droit d'entrée de 40% *ad valorem* payable sur toute automobile et motocyclette. Les statistiques ne sont pas encore publiées.
(3) Tous les impôts sur les automobiles, en Autriche, sont perçus par les départements et parfois par les villes. On estimait le rendement de ces impôts en 1928 à $ 110.220.
(4) Aucun impôt n'existe. L'essence paie un droit d'entrée. Les statistiques ne sont pas encore publiées.
(5) Aucun impôt n'existe. Les pneumatiques paient un droit d'entrée. Les statistiques ne sont pas encore publiées.
(6) L'imposition varie de 4 ½ % à 11 ½ %. Les statistiques ne sont pas encore publiées.
(7) Statistiques du Département du Commerce des Etats-Unis.
(8) Perception de la douane de Rio pour les onze premiers mois de 1928.

TRANSPORTS PAR ROUTE. — III

**Recettes approximatives provenant
des taxes sur les automobiles pour l'année 1927.
(Tous les chiffres sont donnés en dollars U. S.)**

NOM DU PAYS	Chili	Chine	Colombie	Costa-Rica	Cuba	Danemark
Impôts directs						
Taxes payées par les fabricants (taxe sur le chiffre d'affaires, taxe de luxe, etc.)						1.152.500 [2]
Taxes prélevées par les douanes pour les voitures importées	4.800.00					
Taxes payées par les usagers des automobiles (impôts, droits de circulation, etc.)	1.200.00				2.402.863 [2]	2.206.960 [2]
Total	6.000.00					3.179.460 [2]
Impôts indirects						
Taxe sur l'essence et l'huile					4.350.149 [2]	1.640.000 [2] [3]
Taxe sur les pneumatiques	6.400.00					
Taxes sur les assurances						
Total	6.400.00					1.640.000 [2]
Total des impôts directs et indirects	12.400.00	[1]				4.819.460 [2]

[1] Les statistiques ne sont pas encore publiées. D'après le Département du Commerce des Etats-Unis, en 1927 les importations d'automobiles s'élevaient à $ 2.500.000 et celles de motocyclettes à $ 67.000.

[2] Statistiques du Département du Commerce des Etats-Unis.

[3] L'impôt perçu s'élève à environ $ 0.02 par litre.

**Recettes approximatives provenant
des taxes sur les automobiles pour l'année 1927.
(Tous les chiffres sont donnés en dollars U.S.)**

NOM DU PAYS	Egypte	Equateur	Espagne	Esthonie	Finlande	France
Impôts directs						
Taxes payées par les fabricants (taxe sur le chiffre d'affaires, taxe de luxe, etc.)			28.028	(3)		29.388.715
Taxes prélevées par les douanes pour les voitures importées			4.431.848	(4)	550.000	2.081.743 (7)
Taxes payées par les usagers des automobiles (impôts, droits de circulation, etc.)			(1)	(5)	135.000	29.418.968
Total					685.000	60.889.426
Impôts indirects						
Taxe sur l'essence et l'huile			(2)	(5)	1.190.000	33.936.990
Taxe sur les pneumatiques			(2)	(5)	390.000	
Taxes sur les assurances			(2)	(5)		(8)
Total				(5)	1.580.000	33.936.990
Total des impôts directs et indirects				112.500 (6)	2.265.000	94.826.416

(1) En 1927, une nouvelle taxe (patente nationale de circulation automobile) a été créée et comprend tous les impôts d'Etat et municipaux pour les automobiles privées et commerciales. Les statistiques manquent.

(2) Il n'existe pas d'impôt.

(3) Il n'existe pas d'impôt d'Etat. Tous les impôts sont perçus par les Départements et les municipalités selon la puissance des moteurs, et varient de $ 1.35 à $ 2.70 pour les automobiles privées, de $ 0.80 à $ 2.70 pour les autobus, de $ 0.80 à $ 2.00 pour les camions et de $ 0.80 à $ 1.35 pour les motocyclettes.

(4) Les impôts suivants sont perçus :
Automobiles et autobus jusqu'à 1000 kg : $ 0.09 par kg.
— de 1000 à 1300 kg : $ 0.12 par kg.
— au-dessus de 1300 kg : $ 0.15 par kg.
Camions : $ 0.04 par kg.
Motocyclettes : $ 15.00 par machine.

(5) Il n'existe pas d'impôts.

(6) Les statistiques manquent ; les impôts des départements et municipalités s'élèvent à $ 31.000, les droits de douane à $ 81.500.

(7) 45 % *ad valorem.*

(8) L'impôt est de 3.82 % de prime. Les statistiques manquent

TRANSPORTS PAR ROUTE — III.

**Recettes approximatives provenant
des taxes sur les automobiles pour l'année 1927.
(Tous les chiffres sont donnés en dollars U.S.)**

NOM DU PAYS	Grande-Bretagne	Grèce	Guatemala	Hawaï	Honduras	Hongrie
Impôts directs						
Taxes payées par les fabricants (taxe sur le chiffre d'affaires, taxe de luxe, etc.)	(1)					(5)
Taxes prélevées par les douanes pour les voitures importées	8 953.382					(6)
Taxes payées par les usagers des automobiles (impôts, droits de circulation, etc.)	114.525.766					(7)
Total	123.479.148					
Impôts indirects						
Taxe sur l'essence et l'huile	(2)					
Taxe sur les pneumatiques	(1)		265.975 (3) (4)			(8)
Taxes sur les assurances	(1)					(8)
Total						
Total des impôts directs et indirects	123.479.148					(9)

(1) Il n'existe pas d'impôts.
(2) Les prévisions pour 1928 s'élèvent à $ 56.961.423. Impôt nouveau.
(3) Statistiques du Département du Commerce des Etats-Unis.
(4) 1925. Droits de douane sur les pneumatiques.
(5) Un impôt de 2 % sur le chiffre d'affaires existe, ainsi qu'une taxe de luxe allant de 5 à 15 %, suivant la puissance des moteurs. Les statistiques manquent, car l'impôt sur les automobiles n'a été introduit en Hongrie qu'en 1928.
(6) Toutes les automobiles, les camions et les motocyclettes paient un droit d'entrée. Les droits de douane sont moins élevés sur les marchandises venant de pays avec lesquels la Hongrie a un traité de Commerce. Les statistiques manquent.
(7) Aucun impôt n'a été perçu en 1927.
(8) Un impôt a été perçu sur l'essence, les pneumatiques et l'huile. Les statistiques manquent.
(9) Le rendement des impôts en 1928 était estimé sur la base des automobiles en circulation en 1927 à $ 561.400.

TRANSPORTS PAR ROUTE — III.

Recettes approximatives provenant des taxes sur les automobiles pour l'année 1927.
(Tous les chiffres sont donnés en dollars U.S.)

NOM DU PAYS	Indes	Indes Néerland.	Indochine française	Italie	Japon	Lettonie
Impôts directs						
Taxes payées par les fabricants (taxe sur le chiffre d'affaires, taxe de luxe, etc.)................						(5)
Taxes prélevées par les douanes pour les voitures importées		1.433.200 (1) (2)			(1) (6)	46.308
Taxes payées par les usagers des automobiles (impôts, droits de circulation, etc.)...........			47.500 (1) (4)	5.342.851		(5)
Total				5.342.851		46.308
Impôts indirects						
Taxe sur l'essence et l'huile................		47.200 (1) (3)		19.000.000		258.412
Taxe sur les pneumatiques..................		398.400 (1) (3)		(5)		58.349
Taxes sur les assurances...................						1.429
Total				19.000.000		318.190
Total des impôts directs et indirects...........				24.342.851		364.498

(1) Statistiques du Département du Commerce des Etats-Unis.
(2) Ce total se décompose ainsi : automobiles : $ 1.261.200 ; camions : $ 49.600 ; motocyclettes : $ 122.400.
(3) Droits de douane.
(4) Permis pour 1927. Les statistiques complémentaires manquent.
(5) Il n'existe pas d'impôt.
(6) En 1927, véhicules importés : (non compris les navires) $ 10.697.000. Les autres statistiques ne sont pas encore publiées.

TRANSPORTS PAR ROUTE — III.

**Recettes approximatives provenant
des taxes sur les automobiles pour l'année 1927.
(Tous les chiffres sont donnésen dollars U.S.)**

NOM DU PAYS	Lithuanie	Luxembourg	Mésopotamie (Iraq.)	Mexique	Norvège	Nouvelle-Zélande
Impôts directs						
Taxes payées par les fabricants (taxe sur le chiffre d'affaires, taxe de luxe, etc.)	(1)				(3)	
Taxes prélevées par les douanes pour les voitures importées	51.200 (2)				(4)	3.753.692 (6)(7)
Taxes payées par les usagers des automobiles (impôts, droits de circulation, etc.)	28.180				1.316.000	1.771.700 (6)(8)
Total	79.380				1.316.000	5.525.392 (6)
						634.420 (6)(8)
Impôts indirects						
Taxe sur l'essence et l'huile	(1)				(5)	
Taxe sur les pneumatiques	(1)				347.000	1.082.889 (6)(9)
Taxes sur les assurances	(1)					
Total					347.000	1.717.309 (6)
Total des impôts directs et indirects	79.380				1.663.000	7.242.701 (6)

(1) Aucun impôt n'existe.
(2) Les droits d'entrée sont :
Automobiles pesant jusqu'à 1000 kg : $ 0.20 par kg.
Automobiles pesant de 1000 à 1600 kg : $ 0.25 par kg.
(3) Il n'existe pas d'impôt ni de fabrique d'automobiles en Norvège.
(4) Les droits de douane sont de 37 ½ % sur les automobiles et de 18 % sur les camions. En 1926 les revenus se sont élevés à $ 1.470.000. Il n'existe pas d'autres statistiques.
(5) Il n'existe pas d'impôt, mais il est question d'imposer l'essence.
(6) Statistiques du Département du Commerce des États-Unis.
(7) Droit de douane perçu sur des véhicules automobiles et pièces détachées (autres que pneumatiques) pour l'exercice financier au 31 mars 1928 et d'après les prévisions budgétaires de 1928.
(8) Chiffres indiqués dans le budget pour l'exercice financier au 31 mars 1928.
(9) D'après le budget pour 1928 (droit de transfert sur les pneumatiques, l'essence, amendes, etc., au compte général des revenus des routes) pendant 1927-1928.

TRANSPORTS PAR ROUTE — III.

Recettes approximatives provenant des taxes sur les automobiles pour l'année 1927.
(Tous les chiffres sont donnés en dollars U.S.)

NOM DU PAYS	Palestine	Panama et zone du canal	Paraguay	Pays-Bas	Perse	Pérou
Impôts directs						
Taxes payées par les fabricants (taxe sur le chiffre d'affaires, taxe de luxe, etc.)				(1)		
Taxes prélevées par les douanes pour les voitures importées				1.540.000		
Taxes payées par les usagers des automobiles (impôts, droits de circulation, etc.)				1.960.000		
Total				3.500.000		
Impôts indirects						
Taxe sur l'essence et l'huile				(1)		
Taxe sur les pneumatiques				(1)		
Taxes sur les assurances				(1)		
Total						
Total des impôts directs et indirects				3.500.000		

(1) Aucun impôt n'existe.

TRANSPORTS PAR ROUTE — III.

**Recettes approximatives provenant
des taxes sur les automobiles pour l'année 1927.
(Tous les chiffres sont donnés en dollars U.S.)**

NOM DU PAYS	Pologne	Porto-Rico	Portugal	Roumanie	Salvador	Suède
Impôts directs						
Taxes payées par les fabricants (taxe sur le chiffre d'affaires, taxe de luxe, etc.)................	(1)					
Taxes prélevées par les douanes pour les voitures importées....................	(2)					1.131.683
Taxes payées par les usagers des automobiles (impôts, droits de circulation, etc.)..........	184 745 (3)					2.408.785 (6)
Total..............................						3.540.468
Impôts indirects						
Taxe sur l'essence et l'huile	928 600 (3)					3.849.300 (7)
Taxe sur les pneumatiques..................	(4)					1.497.800 (8)
Taxes sur les assurances	(5)					
Total..............................						5.347.100
Total des impôts directs et indirects..........						8.887.568

(1) Impôt de 2.2 % et une taxe municipale de 0.5 % sont perçus sur le chiffre d'affaires. Les statistiques manquent.
(2) Là où il n'y a pas de traité de commerce, les droits d'entrée sur les automobiles sont de $ 38,25 par 100 kg. à $ 69.57 par 100 kg., et pour les pays avec lesquels un traité de commerce existe, les impôts varient de $ 26.78 par 100 kg. à $ 55.66 par 100 kg. Il n'existe pas d'autres statistiques.
(3) Au 31 mars 1928.
(4) Il n'existe pas d'impôt.
(5) Un droit de timbre de 2,2 % est payable sur les primes. Les statistiques manquent.
(6) Du 1er janvier 1927 au 30 juin 1927.
(7) Du 1er juillet 1927 au 30 juin 1928. L'essence est imposée à raison de 1 ½ cents par litre.
(8) Du 1er juillet 1927 au 30 juin 1928. Les pneumatiques paient un impôt de 53 cents par kilog.

TRANSPORTS PAR ROUTE — III.

**Recettes approximatives provenant
des taxes sur les automobiles pour l'année 1927.
(Tous les chiffres sont donnés en dollars U.S.)**

NOM DU PAYS	S. H. S. (Royaume)	Suisse	Tchéco-slovaquie	Tunisie	Turquie	Uruguay	Venezuela
Impôts directs							
Taxes payées par les fabricants (taxe sur le chiffre d'affaires, taxe de luxe, etc.)	[1]	[6]	[7]		[10]		
Taxes prélevées par les douanes pour les voitures importées	[2]	2.200.000	[8]		[11]		
Taxes payées par les usagers des automobiles (impôts, droits de circulation, etc.)	[3]	3.760.000	1.000.000 [9]		[12]		
Total		5.960.000					
Impôts indirects							
Taxe sur l'essence et l'huile	[4]	4.400.000	1.425.000 [9]		[13]		
Taxe sur les pneumatiques	[5]	190.000	647.000 [9]		[14]		
Taxes sur les assurances	[6]	1.750.000			[15]		
Total		6.340.000					
Total des impôts directs et indirects		12.300.000					

[1] Un impôt de 1 % est perçu sur le chiffre d'affaires. Les statistiques manquent.
[2] Un impôt de 30 % *ad valorem* est perçu. Les statistiques manquent.
[3] Un impôt d'Etat de $ 53.60 par automobile est perçu par an. Il y a également des impôts départementaux s'élevant à 50 % de l'impôt d'Etat.
[4] Un impôt de $ 7.20 par 100 kgs est perçu.
[5] Un droit d'entrée de $ 40 est perçu.
[6] Il n'existe pas d'impôt.
[7] Un impôt de 2 % sur le chiffre d'affaires existe, mais les statistiques manquent.
[8] Des droits de douane de 45 % *ad valorem* sont imposés. Il n'existe pas de statistiques.
[9] Statistiques pour 1928.
[10] Une taxe de 6 % de la valeur de chaque véhicule est perçue. Il existe en outre une taxe d'octroi.
[11] Une taxe de $ 20 par 100 kgs frappant tous les véhicules importés est perçue. En outre, il existe une taxe d'octroi de $ 2.50 par 100 kgs et une taxe de « transaction » de 6 % de la valeur des marchandises.
[12] Les taxes suivantes sont perçues : Automobiles jusqu'à 12 HP : $ 1 par mois, taxe municipale. — Automobiles de plus de 12 HP : $ 1.50 par mois, taxe municipale. — Camions : $ 2.50 par mois. — Il existe en outre une taxe de 6 % sur les bénéfices nets,frappant les usagers commerciaux
[13] Les taxes sur l'essence sont les suivantes : $ 1.30 par 100 kgs, droits de douane. — $ 0.50 par 100 kgs, taxe d'octroi. — $ 0.50, taxe municipale. — En outre il existe une taxe de « transaction » de 6 % de la valeur des marchandises, et un droit de monopole de $ 4.50 par 100 kgs. L'huile est taxée de la façon suivante : $ 0.50 par 100 kgs, droits de douane. — $ 0.12 par 100 kgs, taxe d'octroi. Il existe en outre une taxe de « transaction »de 6 % de la valeur des marchandises.
[14] Les pneumatiques sont taxés de la façon suivante : $ 20 par 100 kgs, droits de douane. — $ 0.10 par 100 kgs, taxe d'octroi. — Droits de « transaction » : 6 % de la valeur des marchandises.
[15] 6 %.

TRANSPORTS PAR ROUTE. — IV

**Dépenses affectées au système routier
pour l'année 1927.
(Tous les chiffres sont donnés en dollars U. S.)**

NOM DU PAYS	Afrique du Sud	Algérie	Allemagne	Amérique (E.U. d')	Argentine	Australie
Entretien des routes....................		1.496.816 [1]		376.753.825		
Constructions nouvelles		312.920 [1]		689.218.733		
Total	6.283.118 [1] [2]	1.809.736 [1]	143.000.000 [3]	1.065.972.558 [4]	10.874.700 [1]	20.662.341 [1] [5]
Constructions nouvelles pour la période 1928-1935 (*)........................						
Dépense annuelle avant la création de l'automobile 1890-1900 (**).................					86.537 [1]	

(*) Voir tableau II (Longueur des routes nouvelles projetées).
(**) Voir tableau II (Longueur des routes avant la création de l'automobile).
[1] Statistiques du Département du Commerce des Etats-Unis.
[2] 1926. — Pour la Rhodésie du Sud seulement. Les statistiques pour les autres colonies d'Afrique du Sud manquent.
[3] Construction nouvelle et entretien des routes.
[4] A ce total il faut ajouter $ 382.148.359 représentant le principal et l'intérêt sur les obligations, dépenses diverses, etc.
[5] 1925, routes nationales et départementales seulement. Les dépenses locales sont importantes, mais les statistiques manquent.

TRANSPORTS PAR ROUTE. — IV

**Dépenses affectées au système routier
pour l'année 1927.
(Tous les chiffres sont donnés en dollars U. S.)**

NOM DU PAYS	Autriche	Belgique	Bolivie	Brésil	Bulgarie	Canada
Entretien des routes	7.500.000	4.702.857 [1]	28.875 [3]			16.024.617 [3]
Constructions nouvelles			64.750 [3]			29.729.667 [3]
Total	7.500.000		93.625 [3]	2.000.000 [3]	2.284.813 [3]	45.754.284 [3]
Constructions nouvelles pour la période 1928-1935 (*)						
Dépense annuelle avant la création de l'automobile 1890-1900 (**)		2.479.788 [2]				

(*) Voir tableau II (Longueur des routes nouvelles projetées).
(**) Voir tableau II (Longueur des routes avant la création de l'automobile).
(1) 1928, routes d'État seulement.
(2) 1900.
(3) Statistiques du Département du Commerce des Etats-Unis.

TRANSPORTS PAR. ROUTE. — IV

**Dépenses affectées au système routier
pour l'année 1927.
(Tous les chiffres sont donnés en dollars U. S.)**

NOM DU PAYS	Chili	Chine	Colombie	Costa-Rica	Cuba	Danemark
Entretien des routes			5.861.274 [1] [2]		1.800.000 [1]	
Constructions nouvelles			7.815.032 [1] [2]		1.260.000 [1]	
Total	35.000.00		13.676.306 [1] [2]	361.505 [1]	3.060.000 [1]	11.750.000 [1] [3]
Constructions nouvelles pour la période 1928-1935 (*)						
Dépense annuelle avant la création de l'automobile 1890-1900 (**)						

(*) Voir tableau II (Longueur des routes nouvelles projetées).
(**) Voir tableau II (Longueur des routes avant la création de l'automobile).
[1] Statistiques du Département du Commerce des Etats-Unis.
[2] Routes nationales seulement.
[3] 1925-1926.

TRANSPORTS PAR ROUTE. — IV

**Dépenses affectées au système routier
pour l'année 1927.
(Tous les chiffres sont donnés en dollars U. S.)**

NOM DU PAYS	Egypte	Equateur	Espagne	Esthonie	Finlande	France
Entretien des routes......................			8.755.673 [2]	[5]		13.205.329
Constructions nouvelles		•	28.957.528 [2]	600.000	2.875.000 [6]	148.902 [6]
Total	577.709 [1]	278.452 [1]	37.713.201 [2]	600.000	2.875.000 [6]	13.354.231
Constructions nouvelles pour la période 1928-1935 (*)			154.440.154 [3]			97.318.808
Dépense annuelle avant la création de l'automobile 1890-1900 (**)......................			6.643.326 [4]			979.623 [7]

(*) Voir tableau II (Longueur des routes nouvelles projetées).
(**) Voir tableau II (Longueur des routes avant la création de l'automobile).
(1) Statistiques du Département du Commerce des Etats-Unis.
(2) Routes nationales et routes départementales contrôlées seulement.
(3) Y compris l'entretien des routes nouvelles ainsi que des constructions nouvelles.
(4) 1903.
(5) Les autorités locales sont responsables de l'entretien des routes. Les statistiques manquent.
(6) Routes nationales seulement.
(7) 1896. — Routes nationales seulement.

TRANSPORTS PAR ROUTE. — IV

**Dépenses affectées au système routier
pour l'année 1927.
(Tous les chiffres sont donnés en dollars U. S.)**

NOM DU PAYS	Grande-Bretagne	Grèce	Guatemala	Hawaii	Honduras	Hongrie
Entretien des routes						2.000.000 (6)
Constructions nouvelles	250.000.000 (1)					1.000.000 (6)
Total	250.000.000 (1)	5.910.841 (3)	712.757 (3) (4)	970.290 (3) (5)	334.158 (3)	3.000.000 (6)
Constructions nouvelles pour la période 1928-1935 (*)		29.199.000 (3)				25.000.000
Dépense annuelle avant la création de l'automobile 1890-1900 (**)	103.714.797 (2)					1.700.000 (7)

(*) Voir tableau II (Longueur des routes nouvelles projetées).
(**) Voir tableau II (Longueur des routes avant la création de l'automobile).
(1) Construction nouvelle et entretien des routes.
(2) 1902. — Equivalent au prix actuel de $ 191.882.250.
(3) Statistiques du Département du Commerce des Etats-Unis.
(4) 1926. — Dernières statistiques.
(5) Exercice fiscal 1926-1927. Dernières statistiques.
(6) Routes nationales seulement.
(7) 1890, routes nationales seulement en Hongrie d'avant-guerre.

TRANSPORTS PAR ROUTE. — IV

**Dépenses affectées au système routier
pour l'année 1927.
(Tous les chiffres sont donnés en dollars U. S.)**

NOM DU PAYS	Indes	Indes Néerland.	Indochine française	Italie	Japon	Lettonie
Entretien des routes	18.679.916 [1][2]		1.954.041 [1]	34.100.000 [3]		690.683 [5]
Constructions nouvelles	10.555.812 [1][2]		2.473.938 [1]	7.050.000		508.785 [5]
Total	29.235.728 [1][2]	10.000.000 [1]	4.427.979 [1]	41.150.000		1.199.468 [5]
Constructions nouvelles pour la période 1928-1935 (*)						
Dépense annuelle avant la création de l'automobile 1890-1900 (**)				2.115.220 [4]		[6]

(*) Voir tableau II (Longueur des routes nouvelles projetées).
(**) Voir tableau II (Longueur des routes avant la création de l'automobile).
[1] Statistiques du Département du Commerce des Etats-Unis.
[2] 1926-1927 (exercice fiscal).
[3] 1er juillet 1926 au 30 juin 1927 pour les routes nationales, et 1er janvier 1926 au 31 décembre 1926 pour les routes départementales et autres. Le chiffre représente une dépense de $ 18.000.000 sur les routes nationales, $ 11.600.000 sur les routes départementales et $ 4.500.000 sur les routes régionales.
[4] 1910.
[5] 1er avril 1927 au 31 mars 1928.
[6] La Lettonie n'existe comme Etat indépendant que depuis 1918.

TRANSPORTS PAR ROUTE. — IV

**Dépenses affectées au système routier
pour l'année 1927.
(Tous les chiffres sont donnés en dollars U. S.)**

NOM DU PAYS	Lithuanie	Luxembourg	Mésopotamie (Iraq.)	Mexique	Norvège	Nouvelle-Zélande
Entretien des routes	538.000 [1]	2.055.588 [2] [3]		515.468 [2]	4.400.000 [6]	
Constructions nouvelles				5.797.200 [2]	4.760.000 [5]	
Total	538.000 [1]	2.055.588 [2] [3]		6.312.668 [2] [4]	9.160.000 [5]	18.266.101 [2] [3]
Constructions nouvelles pour la période 1928-1935 (*)				40.836.000 [2]		
Dépense annuelle avant la créatior de l'automobile 1890-1900 (**)					1.333.000 [6]	

(*) Voir tableau II (Longueur des routes nouvelles projetées).
(**) Voir tableau II (Longueur des routes avant la création de l'automobile).
[1] Routes nationales seulement.
[2] Statistiques du Département du Commerce des Etats-Unis.
[3] 1926.
[4] 1926. — Routes nationales seulement.
[5] 1er juillet 1924 au 30 juin 1925. Les statistiques ne sont publiées que tous les cinq ans en Norvège.
[6] 1895.

TRANSPORTS PAR ROUTE. — IV

**Dépenses affectées au système routier
pour l'année 1927.
(Tous les chiffres sont donnés en dollars U. S.)**

NOM DU PAYS	Palestine	Panama et zone du canal	Paraguay	Pays-Bas	Perse	Pérou
Entretien des routes		80.000 (1)			964.000 (1) (3)	
Constructions nouvelles		1.000.000 (1)		(2)	1.050.000 (1) (3)	
Total	377.105 (1)	1.080.000 (1)	105.000 (1)	1.036.000	2.014.000 (1) (3)	2.760.000 (1)
Constructions nouvelles pour la période 1928-1935 (*)				2.000.000		
Dépense annuelle avant la création de l'automobile 1890-1900 (**)						

(*) Voir tableau II (Longueur des routes nouvelles projetées).
(**) Voir tableau II (Longueur des routes avant la création de l'automobile).
(1) Statistiques du Département du Commerce des Etats-Unis.
(2) Les statistiques manquent. Un fonds spécial pour la construction des routes nouvelles a été créé en 1928. Les dépenses pour la construction des routes nouvelles en 1928 se sont élevées à $ 6.450.000.
(3) Exercice fiscal 1926-1927. Dernières statistiques.

TRANSPORTS PAR ROUTE. — IV

**Dépenses affectées au système routier
pour l'année 1927.
(Tous les chiffres sont donnés en dollars U. S.)**

NOM DU PAYS	Pologne	Porto-Rico	Portugal	Roumanie	Salvador	Suède
Entretien des routes	6.932.000 (1)	1.361.794 (3)	512.540 (3)	1.356.250 (3)(5)		9.199.210 (6)
Constructions nouvelles	2.531.000 (1)	1.127.569 (3)	4.151.574 (3)(4)	743.750 (3)(5)		3.626.833 (6)
Total	9.463.000 (1)	2.489.363 (3)	4.664.114 (3)	2.100.000 (3)(5)	435.593 (3)	12.826.043 (6)
Constructions nouvelles pour la période 1928-1935 (*)	2.600.000 (2)					
Dépense annuelle avant la création de l'automobile 1890-1900 (**)	(7)					

(*) Voir tableau II (Longueur des routes nouvelles projetées).
(**) Voir tableau II (Longueur des routes avant la création de l'automobile).
(1) Exercice fiscal au 31 mars 1928.
(2) 1928-1930.
(3) Statistiques du Département du Commerce des Etats-Unis.
(4) Routes nationales et régionales seulement, y compris $ 2.767.716 pour la reconstruction des routes. Les chiffres des dépenses municipales et locales manquent.
(5) Routes nationales seulement. Le total de toutes les dépenses pour la construction et l'entretien des routes était de $ 4.784.375.
(6) 1926. — Dernières statistiques.
(7) Les statistiques manquent. Le coût moyen pour l'entretien des routes nationales est de $ 85 à $ 90 par kilomètre et pour l'entretien des routes départementales de $ 35 à $ 40 par kilomètre.

TRANSPORTS PAR ROUTE. — IV

**Dépenses affectées au système routier
pour l'année 1927.
(Tous les chiffres sont donnés en dollars U. S.)**

NOM DU PAYS	S. H. S. (Royaume)	Suisse	Tchéco-slovaquie	Tunisie	Turquie	Uruguay	Venezuela
Entretien des routes....................	2.045.395	4.368.125			130.637 [3]	941.257 [3]	
Constructions nouvelles	1.685.136	4.222.900	2.428.000 [2]		1.306.373 [3]	1.224.096 [3]	
Total	3.730.531	8.591.025	2.428.000 [2]	1.060.038 [3]	1.437.010 [3] [4]	2.165.353 [3]	3.385.135 [3]
Constructions nouvelles pour la période 1928-1935 (*).............................	(1)						
Dépense annuelle avant la création de l'automobile 1890-1900 (**)........................							

(*) Voir tableau II (Longueur des routes nouvelles projetées).
(**) Voir tableau II (Longueur des routes avant la création de l'automobile).
(1) Encore incertain. Dépendra des fonds disponibles.
(2) Routes nationales seulement.
(3) Statistiques du Département du Commerce des Etats-Unis.
(4) Les statistiques récemment fournies par la Chambre de Commerce et d'Industrie de Constantinople sont les suivantes : Routes nationales : entretien et constructions nouvelles $ 1.100.000. — Routes départementales et constructions nouvelles : $ 3.900.000. — Total : $ 5.000.000.

L'ADMINISTRATION DES ROUTES
DANS LES DIFFÉRENTS PAYS

ALLEMAGNE

La construction des routes en Allemagne est encore sous le contrôle des différents Etats : Prusse, Saxe, Wurtemberg, Bade, etc. Les budgets de construction sont également préparés par les différents Etats. Jusqu'à ce jour, l'administration et le contrôle des routes ne sont pas du ressort du Reich, bien que des négociations soient en cours à ce sujet entre celui-ci et les États allemands.

Il n'existe encore aucune classification du réseau routier allemand d'après l'importance de la circulation et la valeur de chaque route. La classification en routes d'Etat, routes départementales et routes municipales vient d'un passé lointain et est devenue complètement périmée du fait de la révolution qu'a provoquée l'automobile. On a vu des routes d'Etat ou des routes provinciales perdre beaucoup d'importance au point de vue de la circulation, tandis que d'autres routes qui jadis étaient d'importance secondaire ont augmenté leur trafic de 300 ou 400 %. Le besoin se fait vivement sentir d'une révision de la classification des routes allemandes du point de vue de la circulation moderne et sur la base de l'importance des différentes routes, calculée d'après l'intensité de leur circulation.

AMÉRIQUE (Etats-Unis d')

Les routes des Etats-Unis se divisent en deux grandes catégories :
1. Les grand'routes d'Etat et entre Etats (State and Interstate Highways).
2. Les chemins d'intérêt local (County and local roads).

Chacun des 48 Etats possède une administration routière chargée de la construction et de l'entretien du réseau des grand'routes principales de l'Etat.

En collaboration avec les administrations routières des 48 Etats, le " United States Bureau of Public Roads " est chargé de surveiller l'emploi par les Etats des subventions fédérales annuelles qui s'élèvent à environ $ 80.000.000 ; elles sont affectées à un réseau choisi de grand'routes entre Etats, connu sous le nom de " Federal Aid System " (réseau subventionné par le Gouvernement Fédéral). Ces routes font toujours partie intégrale des réseaux routiers des Etats. Le Gouvernement Fédéral ne construit et n'entretient aucune route, à l'exception de quelques kilomètres de routes dans les réserves et propriétés publiques, bien qu'il ait le droit d'entretenir des routes construites en tout ou en partie à l'aide de la subvention fédérale, si l'Etat intéressé néglige de le faire.

Les chemins d'intérêt local sont administrés par les districts, les villes et les autorités publiques.

Les budgets des routes sont préparés par les administrations routières et approuvés par les corps législatifs de chacun des 48 Etats respectifs.

AUTRICHE

Les routes nationales dépendent de l'administration fédérale et les fonds nécessaires à leur entretien sont fournis par des impôts prélevés pour l'entretien des routes. Les routes départementales et locales sont administrées par les Etats, les districts et les municipalités, qui fournissent les fonds nécessaires pour l'administration et l'entretien de ces routes. Ces fonds sont fournis par des impôts généraux ou des impôts spéciaux, tel que l'impôt sur les automobiles perçu par les Etats, ou par des impôts pour l'entretien des routes, pareils à ceux perçus par le Gouvernement Fédéral pour l'entretien des routes nationales.

BELGIQUE

Les routes nationales sont sous le contrôle de l'Etat et dépendent du service des Ponts et Chaussées.

Les autres routes, provinciales et communales, sont administrées respectivement par les autorités des diverses provinces et communes.

Le budget des routes est présenté au Parlement par le Ministre des Travaux Publics, après consultation du service des Ponts et Chaussées, qui est un organe gouvernemental, et du Conseil Supérieur de la Route qui est un organe dont les membres représentent les organisations intéressées au développement routier.

CHILI

Toutes les routes sont sous l'administration de l'Etat. Aucun rapport détaillé n'a encore été reçu.

ESPAGNE

La direction générale des Travaux Publics, qui forme un département du Ministère des Travaux Publics, est responsable de tous les services se rapportant à la construction, à la réparation et à l'entretien des routes nationales et autres. Par une loi du 9 février 1926, a été créé le " patronage du circuit national ", qui est chargé de présenter à la Direction Générale des Travaux Publics les plans de construction de " routes-pistes ". Le projet de budget pour la construction, la réparation et l'entretien des routes est préparé par le Conseil des Ministres sur les recommandations du Ministre des Travaux Publics.

Sous le régime actuel, le projet de budget est compris dans le budget général de l'Etat soumis par le Gouvernement à l'étude et à la discussion de l'Assemblée Générale, laquelle, en sa qualité de corps consultatif, propose les modifications qu'elle croit nécessaire. Le budget est alors définitivement approuvé par le Gouvernement, puis il est soumis à la sanction royale et revêt finalement la forme d'un décret royal.

ESTHONIE

L'administration des routes relève des municipalités et des départements, mais sous le contrôle du Ministère des Communications. Le budget des routes est établi par les départements et le Ministère des Communications.

FINLANDE

L'administration routière est sous le contrôle des Ponts et Chaussées en ce qui concerne les grandes routes, et des autorités provinciales en ce qui concerne les routes de moindre importance.

Le budget des routes est établi par l'Etat et par les administrations locales.

FRANCE

La construction et l'entretien des routes nationales incombent à l'Etat et sont confiés au Corps des Ponts et Chaussées, tandis que les travaux sur les routes départementales sont à la charge du Conseil Général qui nomme le personnel nécessaire pour les effectuer et en prélève les dépenses sur les ressources du Budget Départemental. Les dépenses afférentes aux chemins de grande communication et autres chemins d'intérêt commun sont supportées principalement par les municipalités, et les travaux sont exécutés, soit par le Corps des Ponts et Chaussées, soit par les Agents-Voyers départementaux.

Les chemins vicinaux ordinaires, les voies urbaines et les voies rurales sont à la charge des municipalités.

GRANDE-BRETAGNE

L'entretien des routes publiques dépend exclusivement des autorités locales. A d'insignifiantes exceptions près, aucune route n'est entretenue par le Gouvernement et aucun département du Gouvernement ne possède ni n'exerce de droit d'intervention, dans l'accomplissement par les autorités locales, de leur devoir d'entretenir les routes.

Un fonds routier tiré des droits perçus pour les licences des automobiles, etc., est administré par le Ministère des Transports et sert à donner des subventions aux autorités locales pour l'entretien des routes. Toutes les dépenses effectives sont faites par les autorités locales elles-mêmes, et les sommes nécessaires à parfaire les subventions du Ministère des Transports sont obtenues par la perception d'impôts locaux. La construction des routes nouvelles est assurée par des emprunts municipaux. La classification nationale des routes dépend du Ministère des Transports.

HONGRIE

Les routes nationales sont construites et entretenues par l'Etat et leur administration dépend du Ministère du Commerce.

Les routes départementales et municipales sont construites et entretenues par les départements et les municipalités; elles sont administrées par l'autorité principale du département ou de la municipalité, sous le contrôle du Ministère du Commerce.

Les frais de construction et d'entretien sont couverts par les impôts municipaux sur les routes. Le taux de ces impôts est fixé par les Conseils Municipaux et en général ne dépasse pas 10 % des impôts directs perçus par les municipalités. Les routes vicinales servant au trafic intercommunal sont construites et entretenues par les communes qui en partagent les frais.

ITALIE

Les routes nationales sont entretenues par la " Azienda Autonoma Statale della Strada " et les routes départementales et communales par les différentes provinces et communes.

" L'Azienda Autonoma Statale della Strada " a un budget autonome dont les ressources sont constituées par un apport du Trésor Public, par les impôts sur la circulation des automobiles, par une taxe spéciale pour l'amélioration des routes.

Les provinces et les communes perçoivent un impôt sur les véhicules à traction animale ; toutefois les frais de l'entretien des routes sont supportés dans la presque totalité par le budget général de chaque province ou de la commune.

LETTONIE

L'administration des routes relève presque exclusivement du Département des Routes du Ministère des Communications. Les sommes nécessaires pour l'entretien des routes nationales sont prévues au budget de ce Ministére. Le budget est établi par le Ministère des Communications et approuvé par le " Saeima " (Parlement).

LITHUANIE

L'administration des routes nationales est faite par l'Etat, et le Ministère des Communications est l'organe qui porte la responsabilité de cette administration.

Les autres routes dépendent des municipalités.

Le budget pour la construction et l'entretien des routes principales est établi par le Ministère des Communications.

Les municipalités sont responsables des routes départementales ainsi que de la construction des ponts. Les projets de dépenses des municipalités doivent être approuvées par le Ministère de l'Intérieur.

NORVÈGE

L'administration centrale des routes est rattachée directement au Ministère des Travaux Publics. Elle a à sa tête un Directeur des Ponts et Chaussées, et comprend de nombreux ingénieurs. Sous les ordres du Directeur se trouve, à la tête de chacun des 18 départements ruraux, un ingénieur en chef qui a sous ses ordres des ingénieurs divisionnaires et des assistants dont le nombre dépend de l'étendue et de l'importance du département. L'ingénieur en chef de chaque département est responsable de la construction et de l'entretien des routes nationales, comme des routes départementales. Dans chaque département, il y a en outre une administration départementale composée de trois membres et présidée par un préfet.

Le projet de budget pour les routes nationales est présenté par le directeur des Ponts et Chaussées au Ministère des Travaux Publics, qui propose au " Storting " (Parlement), un vote des crédits qu'il estime nécessaires pour l'exercice financier (du 1er juillet au 30 juin).

Quant aux départements, l'ingénieur en chef établit le projet qui est soumis par le Préfet au Conseil Général du Département.

PAYS-BAS

Les routes nationales sont administrées par l'Etat.

Les routes départementales sont administrées par les Conseils Généraux des provinces ou par les municipalités, ou encore par le service des Eaux et Forêts sous la surveillance des Conseils Généraux des provinces. Les routes vicinales sont administrées par les municipalités ou par le service des Eaux et Forêts. Dans quelques provinces, une partie des routes vicinales dépend directement des Conseils Généraux.

Le budget de chaque catégorie de routes est établi par l'autorité chargée de son administration.

POLOGNE

Les routes nationales sont administrées par l'Etat. Les frais de réfection et d'entretien, ainsi que les sommes nécessaires à la construction de routes nouvelles, sont prévus dans le budget du Ministère des Travaux Publics.

Les routes départementales sont administrées par les " vovoidies ", et les frais de construction et d'entretien de nouvelles routes sont compris dans les budgets des unions communales d'arrondissements. Celles-ci perçoivent des impôts routiers spéciaux et reçoivent d'autre part des subventions du Ministère des Travaux Publics.

Enfin, les routes d'arrondissements sont administrées par les " starosties " et par les communes rurales qui supportent les charges de leur entretien.

ROYAUME DES SERBES, CROATES & SLOVÈNES

L'administration de toutes les routes dépend de l'Etat.

Le budget routier est établi par le Ministère des Travaux Publics.

SUÈDE

Le réseau routier en Suède est divisé en 377 arrondissements qui possèdent chacun une administration locale élue par les municipalités.

Ces administrations locales dépendent des 24 départements qui forment la Suède. Les décisions de ces administrations ne deviennent effectives qu'après avoir été approuvées par l'administration départementale compétente.

C'est l'administration des Ponts et Chaussées qui est pour ainsi dire l'administration routière centrale du pays, qui examine en dernier ressort les décisions prises et refuse ou accepte les propositions faites par les administrations routières à l'administration départementale.

Les fonds nécessaires pour l'entretien des routes et pour la construction de routes nouvelles sont fournis par les taxes locales, les impôts payés par les automobilistes et une subvention de l'Etat suédois.

SUISSE

La Condéfération suisse accorde des subventions aux Cantons pour la construction et l'entretien des routes de montagne et de grande communication. Les routes dépendent du Département des Travaux Publics de chaque canton et ce département établit le budget qui est soumis au Grand Conseil. Il y a 25 cantons en tout. Il est à noter que 9.000 kilomètres de routes cantonales sont goudronnées.

TCHECOSLOVAQUIE

Les routes nationales sont sous le contrôle de l'Etat et leur administration dépend du Ministère des Travaux Publics.

Les routes départementales sont sous l'administration des différents départements et de leurs autorités locales. Pendant et après la guerre, les moyens employés à la reconstruction des routes furent tellement insuffisants que, par la loi du 14 juillet 1927, un fonds spécial a été créé. Ce fonds est alimenté par le produit d'un impôt sur les automobiles et de la taxe pour le transport en commun des voyageurs, par la moitié du produit de l'impôt sur l'essence et sur l'huile et la moitié du produit des droits de douane sur les pneumatiques importés.

Cette loi stipule en outre que l'Institut pour l'assurance-vieillesse et l'invalidité fera aux fonds routiers une avance remboursable de $ 3.000.000 par an pendant dix années.

Le fonds routier est destiné à l'amélioration des routes nationales et à l'amélioration d'autres routes ayant une importance particulière pour les transports à grande distance ainsi que pour l'amélioration des routes vicinales dans les environs des grandes villes.

TURQUIE

L'administration des routes nationales, appelées routes d'Etat, dépend du Gouvernement ; les routes départementales dépendent des départements, et les routes vicinales des municipalités.

Le budget des routes nationales est établi par le Ministère des Travaux Publics ; celui des routes départementales par le Conseil Administratif des Départements avec approbation du Ministère des Travaux Publics et celui des routes vicinales par les Conseils municipaux.

COMITÉ DES TRANSPORTS PAR ROUTE
DE LA CHAMBRE DE COMMERCE INTERNATIONALE

Président : Mr Roy D. CHAPIN, Président du Conseil d'Administration, Hudson Motor Car Co, Detroit.

Vice-Président : On. Sen. Dott. Silvio CRESPI, Pres. dell'Automobile Club d'Italia, Milan.

Rapporteur : M. J. GUILLELMON, Usines Renault & Cie.

Conseiller Technique : Mr J. LAWRENCE, Nat. Aut. Chamb. of Comm. U.S.A.

Membres :

Allemagne : Baurat Dr. RIEPERT, Berlin.
Dr. NALLINGER, Mannheim.

Amérique (E.U. d') : Mr T. H. McDONALD, Chief, Bureau of Public Roads, U.S. Dept. of Agriculture, Washington.

Belgique : M. Ed. DAMIENS, Prés. Synd. du Véhicule Automobile Industriel, Bruxelles.

Espagne : M. QUINTERO, Automobiles Hispano-Suiza, Paris.

France : M. A. CITROËN, Ing.-Constr., Paris ;
Baron PETIET, Prés. Chambre Synd. Constr. d'Automobiles, Paris ;
M. ROSENGART, Constr. d'Automobiles, Paris.

Grande-Bretagne : Lt. Col. E. FELLOWS HAWKINS, Dir. pr. la France des Automobiles Rolls-Royce, Paris ;
Lt. Col. A. HACKING, Dir. Society of Motor Manufacturers and Traders Ltd, Londres ;
Sir William LETTS, K.B.E., Manchester ;
Sir Henry MAYBURY, Ancien Directeur des Routes, Ministry of Transport, Londres.

Italie : On. Sen. Gr. Uff. Prof. Dott. Ing. Luigi LUIGGI, Rome ;
Gr. Uff. E. MARCHESI, Pres. Automobile Club, Turin.

Pays-Bas : M. F. FENTENER VAN VLISSINGEN, Dir. Steenkolen-Handelsvereeniging, Utrecht.

Pologne : M. S. LAURYSIEWICZ, Vice-Prés. Comité Nat. Polonais de la Chambre de Com. Intern.

Suisse : M. J. MEGEVET, Prés. Chamb. Synd. de l'Ind. Automobile, Genève.

Suède : M. C. SALMSON, Dir. S.A. Wiklunds Maskin & Velocipedfabrik, Stockholm.

S.H.S. (Royaume des) : Dr. I. MOHORITCH, Secr. Chambre de Com. et d'Ind. de Ljoubljana. ;
Dr. L. KARMANSKI, Conseiller pr. les Communications de la Chambre de Com. et d'Ind. de Zagreb.

Organisations Internationales : M. CÉZANNE, Secr. Gén. du Bureau Permanent International des Constr. d'Automobiles, Paris.
M. CHAIX, Prés. Cons. Centr. du Tourisme International, Paris ;
M. P. LE GAVRIAN, Secr. Gén. de l'Ass. Intern. Permanente des Congrès de la Route, Paris.

Secrétaire : Dr. P. WOHL, Dir. du Service Trans. et Commun. de la Chambre de Com. Intern.

COMITÉS NATIONAUX

ALLEMAGNE

Prés. : Franz von Mendelssohn.
Sec. gén. : E. Hamm, Neue Wilhelmstrasse, 9-11, Berlin, N. W. 7 ("Deutschgruppe, Berlin". — Tél. : Zentrum 3565-3569).
Com. adm. : Dr. Gerhard Riedberg, 38, Cours Albert Ier, Paris 8e ("Deutschgruppe, Paris 86". — Tél. : Elysées 62-56).

AMÉRIQUE (ÉTATS-UNIS D')

Prés. : Thomas W. Lamont.
Dir. : John P. Gregg, c/o Chamber of Commerce of the U.S.A., 1615, H. Street, Washington, D.C. ("Cocusa, Washington").
Com. adm. : Henry C. Mac Lean, 38, Cours Albert Ier, Paris 8e ("Paramsec, Paris 86". — Tél. ; Elysées 94-77).

AUSTRALIE

Prés. : Alfred Bright, C.B.E.
Sec. : P. C. Oake, c/o Chamber of Commerce, Melbourne.
Com. adm. : Owen Jones, 38, Cours Albert Ier, Paris 8e ("Ascomerint, Paris 86". — Tél. : Elysées 62-56).

AUTRICHE

Prés. : Friedrich Tilgner.
Sec. gén. : S.E. Richard Riedl, Stubenring, 8-10, Vienne 1 ("Hagekammer, Vienne". — Tél. : 75500).
Com. adm. : Richard Furth, 146, avenue Malakoff, Paris 16e (Tél. ; Passy 29-22).

BELGIQUE

Prés. : Maurice Despret.
Sec. et Com. adm. : Gustave L. Gérard, 33, rue Ducale, Bruxelles ("Belginaco, Bruxelles". — Tél. : Bruxelles, 24775).

DANEMARK

Prés. : Dr. Ernst Meyer.
Sec. : M. Raffenberg, Börsen, Copenhague K.
Com. adm. : Aage Dessau, 48, rue de Paradis, Paris 10e (Tél. : Provence 38-57).

ESPAGNE

Prés. : D. Carlos Prast.
Sec. : D. Bartolomé Amengual, Casa Lonja de Mar, Barcelone (Tél. : 941).

FINLANDE

Prés. : Dr. J. K. Paasikivi.
Sec. : Dr. Edw. Järnström, Bourse, Helsingfors ("Chambre Centrale, Helsingfors").
Com. adm. : Mauno Nordberg, 11, rue de la Pépinière, Paris 8e (Tél. ; Gutenberg 72-45).

FRANCE

Prés. : Etienne Clémentel.
Sec. gén. et Com. adm. : Alexandre de Lavergne 6, rue de Messine, Paris 8e (Tél. : Carnot 48-75).
Sec. gén. adj. : J. Duchénois.

GRANDE-BRETAGNE

Prés. : Sir Arthur Balfour, Bart., J.P.
Sec. : R. W. Hanna, 14, Queen Anne's Gate, Londres, S.W. 1 ("Ascommerce, London". — Tél. : Victoria 31-54).
Com. adm. : Owen Jones, 38, Cours Albert Ier, Paris 8e ("Ascomerint, Paris 86". — Tél. : Élysées 62-56).

GRÈCE

Prés. : E. Charilaos.
Sec. : A. Varvayannis, 8, rue d'Amérique, Athènes.
Com. adm. :

HONGRIE

Prés. : S. E. Alexandre Popovics.
Sec. : Dr. Tibor de Gyulay, Chambre de Commerce, 6, Szemere-utca, Budapest V.
Com. adm. hon. : Louis Manheim.
Com. adm. : Georges de Lukacs, 15, rue de Berri, Paris 8e (Tél. : Élysées 37-41).

INDE

Prés. : Sir Purshotamdas Thakurdas.
Secr. : M. P. Gandhi, c/o the Federation of Indian Chamb. of Commerce, 135, Canning Street, Calcutta.

INDOCHINE

Prés. : A. Garnier.
Sec. et Com. adm. Alexandre de Lavergne, 6, rue de Messine, Paris 8e (Tél. : Carnot 48-75).

ITALIE

Prés. : Dott. Alberto Pirelli.
Sec. : Comm. Dott. Giuseppe Dall'Oglio, 107, Via Torino, Rome (5) ("Sezital, Rome" — Tél. : 42588-42589).
Com. adm. : Cav. Dott. C. Frigerio, 12, rue Halévy, Paris 9e ("Sudameris, Frigerio, Paris". — Tél. : Louvre 51-83).

JAPON

Prés. : Junnosuke Inouye.
Sec. : Seichi Takashima, Nihon Kogio Club, Marunouchi, Tokio ("Remmei, Tokio").
Com. adm. :

LUXEMBOURG

Prés. : Aloyse Meyer.
Sec. : Albert Calmès, Arbed, avenue de la Liberté, Luxembourg.

NORVÈGE

Prés. : Morten Lind.
Sec. : Reidar Due, Börs, Oslo.
Com. adm. : Peter Krag, 45, boulevard Berthier, Paris 17e.

PAYS-BAS

Prés. : H. Rud. du Mosch.
Sec. : Dr. J. E. Claringbould, 12, van de Spiegelstraat, La Haye (Tél. : 33935-34796).
Com. adm. : Edouard Bunge, 95, rue Saint-Lazare, Paris 9e (Tél. : Central 68-75).

POLOGNE

Prés. : Boguslaw Hersé.
Sec. : St. Koçot, 2, Chmielna, Varsovie ("Polkomitet Warszawa". — Tél. : 62-59).
Com. adm. : Charles Korytko, 20, rue de la Baume, Paris 8e (Tél. : Élysées 22-32).

ROUMANIE

Prés. : Dr. St. Cerkez.
Sec. : I. N. Jonesco, Strada Sarindar, 19, Bucarest ("Comnatron, Bucarest").
Com. adm. : A. Biano, 16, rue de Vézelay, Paris 8e (Tél. : Laborde 26-88).

SERBES-CROATES-SLOVÈNES (Royaume des)

Prés. : Dr. V. Marinkovitch.
Sec. : Dr. Stevan Popovitch, Poenkareova Ulica 27, Belgrade ("Incomyoug, Belgrade". — Tél. : 3-93).

SUÈDE

Prés. : J. C. Edström.
Sec. : Baron W. G. Stiernstedt, 9, Västra Trädgardsgatan, Stockholm ("Handelskammaren, Stockholm").
Com. adm. : Thor Carlander, chez Wm. H. Muller & Cie, 98, rue de la Victoire, Paris 9e (Tél. : Central 56-64).

SUISSE

Prés. : John Syz.
Sec. : O. Hulftegger, Börsenstrasse, 17, Zurich.
Com. adm. : Maurice Trembley, 61, avenue Victor-Emmanuel III, Paris 8e (Tél. : Élysées 54-94).

TCHÉCOSLOVAQUIE

Prés. : Jaroslav Preiss.
Sec. : Dr. V. Klumpar, Masarykovo Nabr. 4, Prague 1 ("Incomerc, Prague").
Com. adm. : Otakar Flanderka, 88, rue de la Pompe, Paris 16e (Tél. : 59-99).